良寛さんの戒語

自由訳　新井 満

考古堂

目次

はじめに

深い経験をふまえ、簡潔に表現したいましめの言葉を〝箴言《しんげん》〟という。良寛はたくさんの箴言をのこしたが、それを〝戒語〟と最初に名付けたのは、どうやら貞心尼であったようである。

良寛の死から四年後、貞心尼は『はちすの露』をあらわした。同書は、尼自らが収集した良寛歌集と二人の相聞歌、そして「良寛禅師戒語」などから成っている。

良寛は自筆の戒語集（六十項目以上のもの）を六種類のこしている。それと貞心尼が記録したもの（項目数は九十）をあわせると、七種類の戒語集が存在することになる。七種類を読み比べてみた。結果、貞心尼のものが、もっとも項目数が多く、しかも整理されていると思われたので、これをこのたびの原本とすることにした。

筆者はすでに『良寛さんの愛語』（考古堂）を上梓している。同書につづいて『良寛さんの戒語』を上梓することには、理由がある。

「愛語とは、どこから生まれてくるのか、それは相手をやさしく思いやる心、いわば愛心から生まれてくる。さあ、愛心から発せられた愛語を、あの人にそっとかけてあげましょう…」

『良寛さんの愛語』の冒頭で、私はそのように自由訳した。この愛心から発せられる言葉が、実はもう一つある。それが、〝戒語〟なのである。たとえば、「お変わりございませんか」という愛語がある。良寛はそのような愛語を他者に対して積極的にかけてあげなさい、と奨励している。その一方で、「口数が多すぎるのはいけませんね」とか「大げさな言い方はつつしみましょうね」などと、様々な戒語（いましめの言葉）を発することによって、私たちに自制することを求めているのだ。

いわば愛語が青信号ならば、戒語は黄信号、あるいは赤信号といったところだろうか。愛語がアクセルならば、戒語はブレーキといっても良いかもしれない。どちらの方が大切か？　どちらも大切なのである。愛語と戒語は二つで一つ、お互いになくてはならない関係にある、といって良い。

良寛がのこされた戒語九十項目を分類してみた。大きく三つに分類できそうである。

A　ことばの使い方、会話の進め方に関する戒語

多すぎる口数　一ヵ条
下品なしゃべり方　二ヵ条
早過ぎるしゃべり方　三ヵ条
大げさな表現　二十二ヵ条
大声などなど　二十三ヵ条

B　会話の内容やテーマに関する戒語

手がら話　九ヵ条
自慢話　十ヵ条

訴訟や税金の話　十一ヵ条
多過ぎる引用　二十四ヵ条
多過ぎるいいわけ　二十五ヵ条、などなど

C　会話にのぞむ姿勢や品性に関する戒語

まけおしみ　十六ヵ条
軽々しく約束する　二十ヵ条
へつらう　二十八ヵ条
ばかにする　三十ヵ条
酒に酔って理屈をいうこと　三十五ヵ条、などなど

戒語に託した良寛の思いとは、何だったのか？　私なりに考えたら、次の三つとなった。

・「何事も過ぎることは、いけませんね」
（長過ぎる話、早過ぎる会話、大げさな話しぶり、など）
・「自慢話はいけませんよ」
・「品良く会話しましょう」

ところで、実際の良寛は、どんな言葉をつかい、どんな会話をかわした人物であったのだろう。生前の良寛の姿を記した解良《けら》栄重《よししげ》著『良寛禅師奇話』には、「師《し》常ニ黙々トシテ動作閑雅ニシテ　余《あまり》有ルガ如シ」とある。口数の少なかった良寛のたちいふるまいは、ゆったりとして、みやびに見えたらしい。

さらに――、良寛が解良家に泊まると、家の者がみな仲むつまじくなり、家中に和やかな空気が満ちたという。その空気は、良寛が帰ったあとも数日間は消えなかったという。「師ト語ルコト一夕《いっせき》スレバ　胸襟清キコトヲ覚ユ」良寛と一晩語り合うと、心の中が清らかになるような気がしたともある。

そのような良寛に、私たちはどうしたら近づくことができるのだろう。良寛は説いている。人間関係の中心は、会話にある。会話の基本にあるのは、愛心（相手を思いやる心）である。愛心にうらうちされた〝愛語〟と、愛心にうらうちされた〝戒語〟。この二つが会話を、そして人間関係をいきいきとして楽しいものにしてくれるであろう。もしそうであるならば、

愛語は幸福を呼び
戒語は平安を招く

と、言って良いかもしれない。

二〇一四（平成二十六）年十一月
北海道大沼にて　新井　満

良寛さんの戒語九十ヶ条

原文　良寛
自由訳　新井満
挿画　こしの千涯

一、ことばのおほき

口数が多すぎるのは、いけませんね。

二、物いひの　きはどき

下品なしゃべり方は、やめましょう。

三、くちのはやき

早すぎるおしゃべりも、いけませんよ。

四、はなしのながき

話が長々とつづいて、なかなかおわらない…。
あれには閉口しますね。

五、とはずがたり

相手から尋ねられてもいないのに、自分の方から話し始めるのは、いかがなものでしょう。

六、かうしやくのながき

もの の道理や文章やことばの意味を、こまごま長々と説明しようとする人がいますが、そういう人のことを〝知ったかぶり〟と呼ぶのでしょうね。

七、さしでぐち

わきから口出しをして、出しゃばってはいけません。

良寛いづこ

八、つゐ《い》でなき　はなし

話が行きあたりばったりにあちこちに飛んで、順序も脈絡もないというのは、困ったものですね。

九、手がらばなし

自分の功績を、人に誇ってはいけません。

十、じまんばなし

自慢話は、いけません。

十一、公事《くじ》のはなし

訴訟や裁判や税金の話は、ひかえましょう。

十二、いさかひ　ばなし

喧嘩の話は、やめましょう。

十三、ふしぎばなし

荒唐《こうとう》無稽《むけい》な話は、困ります。

十四、物いひの はてしなき

おしゃべりがいつまでも続いて終わらないというのは、みっともないですね。

風は清し　月はさやけし　いざともに
　　踊り明かさむ　老いの名残に　　良寛うた

十五、公《こう》ぎのさた

お役所のうわさ話は、いかがなものでしょうね。

十六、へらずぐち

負けおしみの物の言い方は、みっともないですよ。

十七、人の物いひきらぬうちに ものいふ

相手の話がまだ終わらないうちに、話を中断させて話しはじめる人がいますが、これは礼を欠くことですね。

十八、子どもをたらす

子どもをだましては、いけません。

十九、ことばのたがふ

言葉のくいちがいには、気をつけましょう。

二十、たやすく やくそくする

かるがるしく約束しては、いけません。

二十一、よく心えぬ事を人にをしゆ《ふ》る

よくわかってもいないことを人に教えようとしては、いけません。

二十二、ことごとしく ものいふ

おおげさなものの言い方も、つつしみましょう。

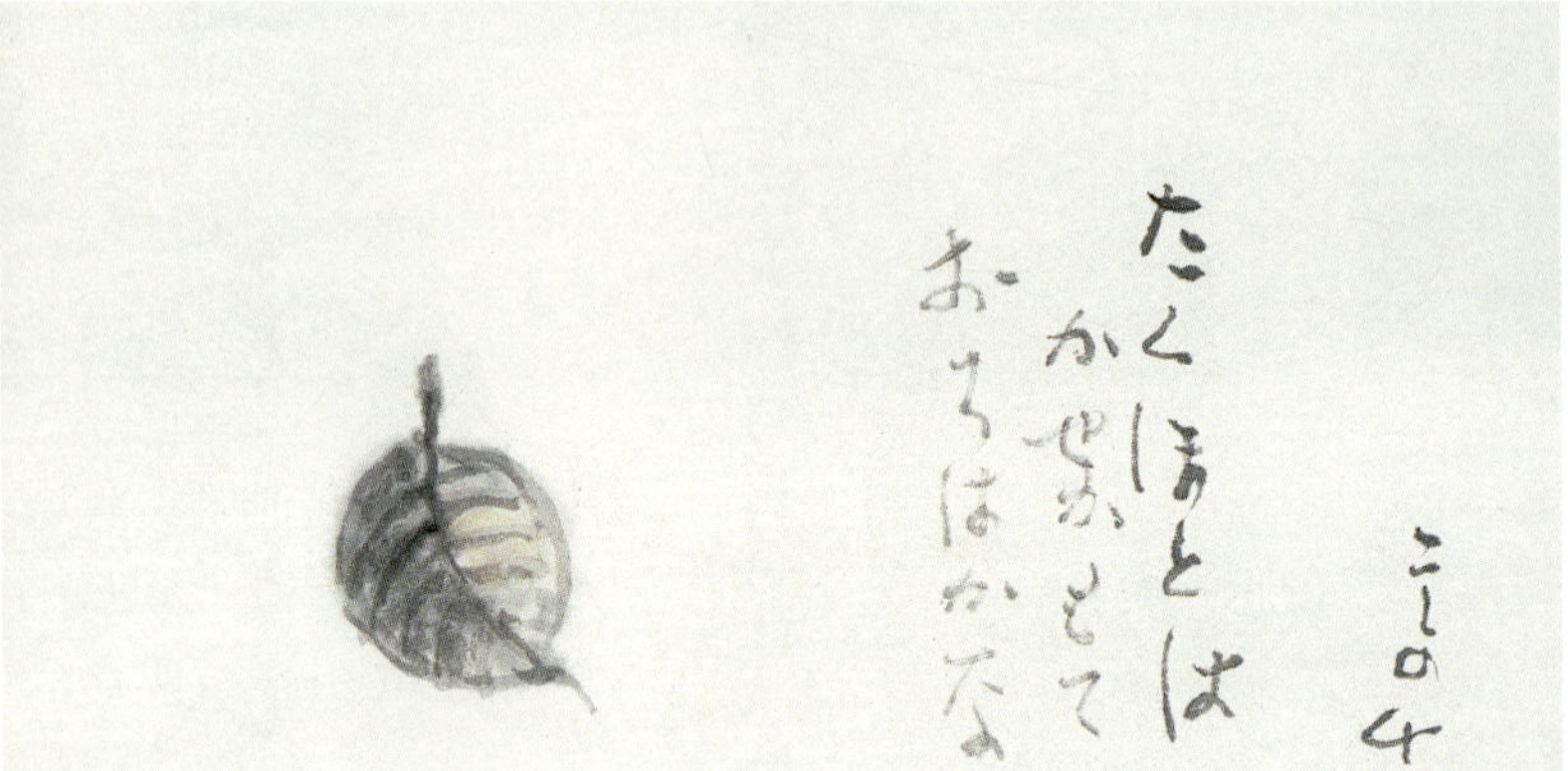

たくほどは　風がもてくる　落ち葉かな　　良寛句

二十三、いかつがましく物いふ

大声を出したりして相手をおどすような言い方をしてはいけません。

二十四、ひきごとのおほき

引用が多すぎるのも、考えものですよ。

二十五、ことはり《わ》の過たる

言いわけばかり言うのは、みっともないですね。

二十六、あの人にいひてよきことを　この人にいふ

あの人にだけ言ってよいことを、別の人に言うのは、いけません。

二十七、その事のはたさぬうちに この事をいふ

その事がまだ終わっていないにもかかわらず、別の事について言い始めるのは、よくありません。

二十八、へつらふ事

へつらっては、なりません。

二十九、人のはなしのじゃまする

人の話をさえぎっては、いけません。

三十、あなどる事

相手をばかにしては、いけません。

月よみの　光を待ちて　帰りませ
　山路は栗の　いがの多きに　　良寛うた

三十一、しめやかなる座にて 心なく物いふ

しんみりとした集まりに出たら、思いやりのある発言をしなくてはいけません。

三十二、人のかくす事を あからさまにいふ

人の秘密を言いふらしたりしては、いけません。

三十三、ことごとに人のあいさつ　きかうとする

ことあるごとに、耳に心地よいあいさつ言葉を期待しては、いけません。

三十四、顔を見つめて物いふ

相手の顔をじーっと見つめながら、にらむように話をするのは、よろしくありませんね。

三十五、酒にい《ゑ》ひて ことは《わ》りいふ

酒に酔ったいきおいで理屈を言っても、はじまりませんよ。

三十六、はらたてる時 ことは《わ》りをいふ

腹を立てている相手にいくら理屈を言っても、うまくいきません。

三十七、さけにゑ《え》たる人にことは《わ》りをいふ

酒に酔った人に理屈を言っても、やはりうまくいきませんよ。

三十八、はやまり過たる

早のみこみは、いけません。

良寛さんのまくら地蔵

君に対すれど　君語らず　語らざれど　意悠なるかな　　良寛詩

三十九、しんせつらしく物いふ

その気もないのに親切そうなふうをよそおって言葉をかけたとしても、すぐにばれてしまうものですよ。

四十、おのが氏《うじ》すじゃうのたかきを　人にかたる

自分の家柄や育ちの良さを人に自慢しては、いけません。

四十一、人のことを ききとらず あいさつする

人の話をうわのそらで聞いて、受けこたえしてはいけません。

四十二、おしはかりの事を真事《まこと》になしていふ

たぶん、そうではなかろうかと、想像や推量で判断したことを、事実であったことのように話しては、いけません。

四十三、あしきとしりながら　いひとを《ほ》す

自分の方が悪い、自分の方に非があると認識していながら、かたくなに自分の考えを貫き通そうとする人がおりますが、あれはみっともないですね。

四十四、ことばとがめ

相手がおかした言いまちがいや聞きまちがいを、いちいち取りたてて大げさに非難したりしては、いけません。そういうふるまいを、あげあしとりというのです。

四十五、ものしりがほにいふ

なんでも知っているような顔や態度でものを言うのはやめましょう。もっと謙虚になりましょう。

四十六、さしたる事もなきを　こまごまといふ

特にとりあげる必要のないようなささいなことを、あえてあげつらい、こまごまと言う…。これはいけませんね。

四十七、見る事きく事　ひとつひとついふ

見たこと聞いたことをひとつのこらずぜんぶ、微に入り細にわたってこまごまと言う人がいますが、あれは困りますね。

四十八、説法の上手下手

あの坊さんの説教はうまいけれど、この坊さんの説教はまずい、などと、うわさ話をするのは、よろしくありませんなあ。

四十九、役人のよしあし

どの役人が良いとか悪いとか、これもやめておきましょう。

つきて見よ　一《ひ》二《ふ》三《み》四《よ》五《い》六《む》七《な》八《や》　九十《ここのとお》
十と納めて　また始まるを　　良寛うた

五十、よく物の　かうしゃくをしたがる

よく、物事の由来や文章の意味などを、こまごまと説明しようとする人がいますが、あれも考えものですねぇ。

五十一、子どもの こしゃくなる

小生意気《こなまいき》なしゃべり方をする子供がおりますが、いただけませんねぇ。

五十二、老人のくどき

愚痴などをくどくどしく、しつこく言い続ける老人がいるものですが、あれは困りますねぇ。

五十三、わかひ《い》ものの　むだばなし

何の役にも立たない無駄話をえんえんと、しゃべり続ける若者たちがおりますが、文字通り時間の無駄ですなあ。

五十四、しかたばなし

身振りや手振りを交えてする、あまりおおげさな話しぶりは、いかがなものですかねぇ。

五十五、くびをねぢてりくつをいふ

わざわざ首をまげて、もっともらしいことを言う人がおりますが、いやですねえ。

五十六、こはいろ

他人の声質から抑揚や間のとり方まで、そっくりにまねる人がおりますが、やっぱりいやですねぇ。

五十七、ひきごとの　たがふ

自説を有利に運ぼうとして、他人の説や事例を引用する人がいますが、無関係な内容の引用をしたのでは、みっともないだけですね。

五十八、口をすぼめて物いふ

唇の先をとがらせて、いかにも不満そうに、もごもご言うのは、いけませんよ。

良寛さんと輪になって

五十九、おしのつよき

周囲の反対にもかかわらず、自分の主張をどこまでも貫き通そうとする頑固な人がいますが、いかがなものでしょう。

六十、めづらしき　はなしのかさなる

めったにない話ばかりがつづくのも、考えものですなあ。

六十一、いきもつきあはせず物いふ

息せき切って物を言ってては、いけません。落ち着いておしゃべりなさい。

六十二、所に似合ぬはなし

場ちがいな話は、きらわれますよ。

六十三、このんで から言葉をつかふ

必要以上に、外国語をつかおうとする人がいますが、あれはみっともないですね。

六十四、人のことは《わ》りを聞とらずして　おのがことは《わ》りを言《いい》とを《ほ》す

世の中にある道理はひとつではありません。いくつもあります。他人が言う道理には少しも耳をかさず、自分の道理ばかりをかたくなに主張していたら、皆からきらわれるでしょうね。

六十五、くちまね

他人のしゃべり方をまねてしゃべって、何が面白いのでしょう。

六十六、ゐなかものに江戸ことば

田舎の人が無理に背伸びして江戸弁をつかうのは、
かえってつまりませんねぇ。

ぬす人に　取り残されし　窓の月　　良寛句

六十七、都ことばなどおぼえて したりがほにいふ

田舎の人が京の都のことばを努力しておぼえて、いかにも得意げにしゃべる、これもまたつまりませんねぇ。

六十八、よくしらぬ事を　はばかりなくいふ

実はよく知らないことを遠慮なく言うのは、困ったことですなあ。

六十九、ねいりたる人を　あはた《わ》だしくおこす

深く眠り込んでいる人を、どなったりつねったりゆすったりして無理に起こそうとしてはなりません。

七十、聞とりばなし

人から聞いて知っただけのことを、いかにも自分が体験したことのようにしゃべったりしては、いけません。

七十一、人にあふ《う》て　つがふよくとりつくろふ《う》ていふ

相手が気分をそこねたりしないように迎合する人がいます。波風が立たぬように自分の考えを相手に合わせた形にとりつくろうのも、あまり見え見えだと、いけませんね。

七十二、あい《ひ》だのきれぬやうに物いふ

いつまでもとぎれることなくしゃべりつづける人がいますが、考えものですね。

七十三、わざとむざうさげにいふ

大事を小事のように言う…。大切なことを、あえてそれほど大切ではないことのように言う人がいますが、これもいけませんね。

七十四、説法者の弁をおぼえてあるひは
そういた《さ》しました所でなげきかなしむ

説法する人の話を覚えてまねし、その人の嘆き悲しんだところで、そっくりまねしてみせるのも、なにか白々しいものですね。

七十五、貴人にたいして あういたしまする

身分の高い人にむかって、ぞんざいな口をきいてはなりません。

山ずみの　あはれを誰に 語らまし
あかざ籠に入れ　帰る夕暮れ　　秋艸道人書　良寛作歌

七十六、さとりくさきはなし

悟ってもいないのに悟りすましたような話ぶりは、いけません。

七十七、学者くさきはなし

学者でもないのに学者ぶったものの言い方をするのも、いけませんよ。

七十八、茶人くさきはなし

茶人でもないのに、茶の湯に通じた人のような話し方をするのは、いけませんね。

七十九、風雅くさきはなし

俳人でもないのに、俳諧の道に通じた人のまねをしてはいけません。

八十、うはの口きく

ぼんやりと、うわの空で受け答えをしては、いけません。

八十一、さしてもなき事をろんずる

さほど重要ではないことを言いあらそって、どうしようというのかねぇ。

八十二、ふしもなき事にふしをたつる

平凡な話に、わざと色をつけて目立つように盛り上がるようにしゃべる人がいますが、おおげさな物いいは、いけませんね。

八十三、人のきりやうのあるなし

あの人は才能があるとかないとか、そんなうわさ話をするのはひかえましょう。

形見とて 何を残さむ 春は花
　　夏ほととぎす 秋は紅葉ば　　良寛和尚歌

八十四、あくびとともに　ねん仏

あくびをしながら念仏をとなえたりしては、いけませんよ。

八十五、さいはひのかさなりたる時　物多くもらふとき　有がたき事といふ

幸福がかさなった時、贈り物をたくさんもらった時には、あまり有頂天になってはいけません。

八十六、人に物くれぬさきに　なになにやらふ《う》といふ

人に何かを贈る前に、今度　何かをあげようとたびたび言うのは、いけません。

八十七、くれてのち人に その事をかたる

物をあげた後で、そのことを人前で話すのはいけません。

八十八、あういたしましたかういたしました ましたましたのあまりかさなる

ああしましした、こうしましたと、ましたましたを、あまり多くかさねるのも、感じがよくありませんね。

八十九、おれがかうした かうした

あの仕事は自分がやりました、やりましたと、何度もくりかえすのは、いかがなものですかね。

九十、はなであしらう《ふ》

人を鼻であしらったりしては、いけませんよ。

塩のりの　坂は名のみに　なりにけり　行く人しぬべ　よろず世までに

良寛うた

良寛さんと連れだって

補遺一

すべてことばは　をしみをしみいふべし
いひたらぬことは　又つぎてもいふべし
いふたことは　ふたたびかへらず

ことばは、少ないのが良いでしょう。

でもね、まだ言いたらないなあ、と思ったならば、遠慮せずに言い足しなさい。

しかし、くれぐれも注意してほしいのは、いったん口に出したことばというものは、二度と戻ってきてくれないということなんです。とりかえしのつかないようなことになったりしないように、どうかことばは少なめに、そしてていねいにね…。

補遺二

上をうやまひ　下をあはれみ　しやうあるもの

とりけだものにいたるまで　なさけをかくべき事

相手が地位の高い人であるならば、尊敬してあげましょう。地位の低い人であるならば、同情してあげましょう。大切なことは、相手のことを思いやってあげることです。

およそ命あるものならば、人間だけではなく、鳥やけだものにいたるまで、あわれみの心を忘れずに思いやりの気持ちをかけてあげましょう。

補遺三

酒をあたためてのむべし

おこるべからず

のみて大食すべからず

こゝろをいだすべし

但　ゝうてかかなぐる可からず

酒は、あたためて呑むのが良いですね。

酔ったいきおいで、怒ったりしてはいけませんよ。

酒を呑んだあとで、たくさん食べすぎてはいけません。

たまには一首、吟じるのも良いかもしれません。

ところで、くれぐれもご注意。酒に酔っぱらって奥さんをなぐったりしてはいけませんよ。

「涙のさとし」　こしの千涯画

良寛の甥・馬之助が、生活が乱れているのを戒めて欲しいと、家人に頼まれ訪れた。良寛は数日　逗留するが、一向に戒めの言葉をかける気配がないまま、もう帰るという。良寛は玄関に馬之助を呼び、履物の紐を結んでくれと頼んだ。言われるままに紐を結ぶ馬之助は、首筋に熱いものを感じて見上げると、良寛の眼には涙が光っていた。馬之助はそれ以来、素行が改まったという。幾多の言葉より、愛の涙がまさったのである。

良寛禅師戒語　九十ヵ条　　貞心尼筆

この良寛禅師戒語 九十ヵ条は、法弟といわれる貞心尼により収集され、その著『はちすの露』に収められたものである。瑞々しい二人の交流そのままに、貞心尼の書も良寛と相当に似通っており、そのリズムや書体などを含めて、全身全霊で良寛を慕った想いが伝わってくる。

その貞心尼の揮毫の書を写真版で掲載しそれに対照して、その万葉仮名交じりの読みと、読み下し文を左頁に添えて理解の便宜を図った。

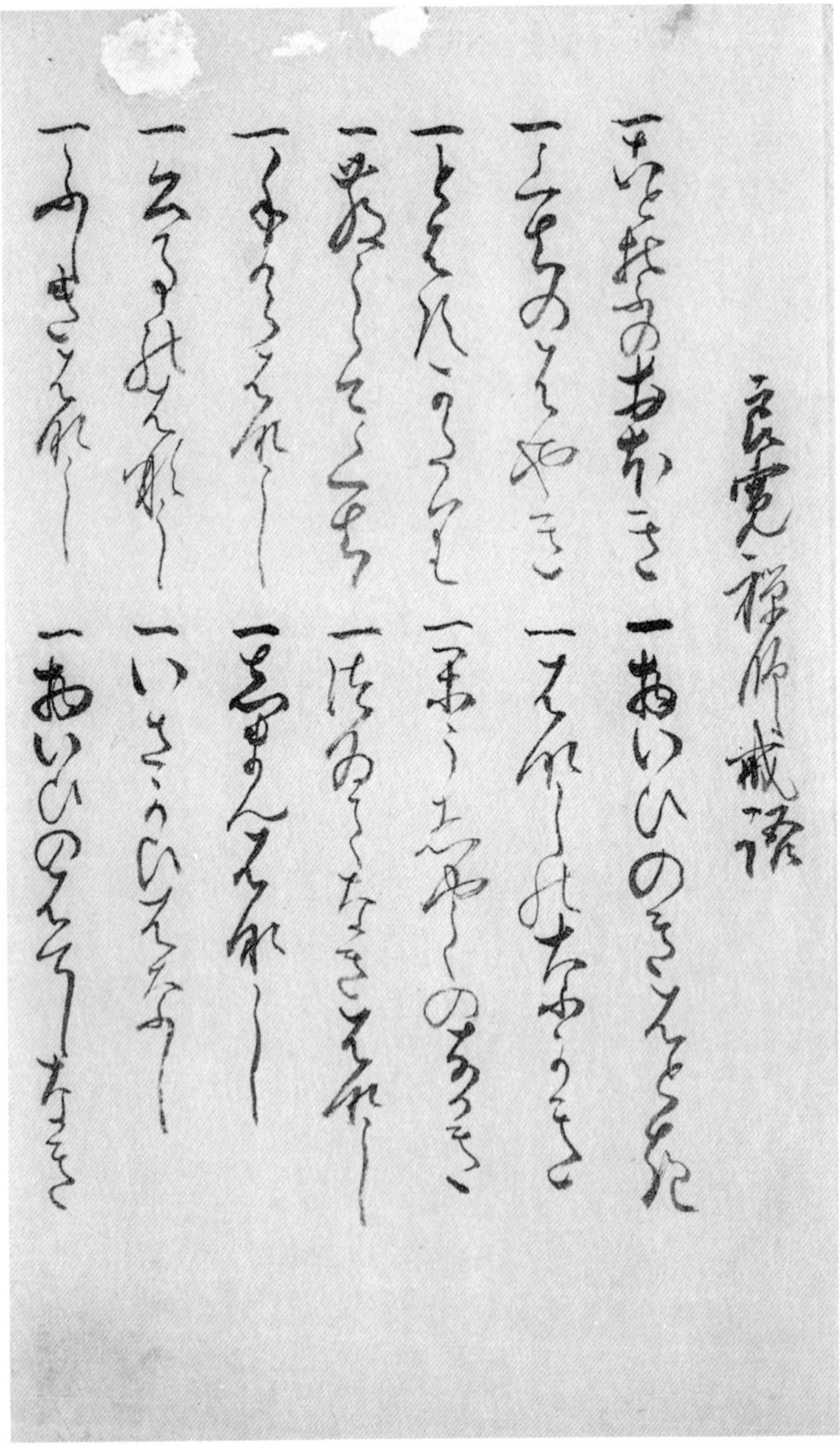
良寛禅師戒語

良寛禅師戒語

一　古《こ》と葉のお本《ほ》き
　言葉の多き
一　く知《ち》の者《は》やき
　口の早き
一　と者《は》須《ず》可《が》多《た》里《り》
　問はず語り
一　散《さ》之《し》でぐ知《ち》
　差し出口
一　手可《が》ら者《ば》那《な》し
　手柄話
一　公《く》事《じ》能《の》者《は》那《な》し
　公事の話
一　ふしぎ者《ば》那《な》し
　不思議話

一　物いひのき者《は》ど起《き》
　物言ひのきはどき
一　者《は》那《な》し能《の》奈《な》可《が》き
　話の長き
一　閑《か》う志《し》やくの奈《な》可《が》き
　講釈の長き
一　徒《つ》る天《て》なき者《は》那《な》し
　付いてなき話
一　志《じ》まん者《ば》那《な》し
　自慢話
一　いさ可《か》ひ者《は》奈《な》し
　諍い話
一　物いひの者《は》てしなき
　物言ひの果てしなき

一ろこのこと　一そこそこそこ
一人のあいさつぬかしにもおよび申
一子どもをたらし候　一出あるきのこと
一ゑやうくれぐれ候　一よろしくわたくし候
人に一きりの事　一出るともしかい
一いふ事ときはしのふ　一すききらひのことおほき
一あくとくやまひ　一あの人さへいひかはし
はなしのみちの人よい　一このうちはやく

一 公《こう》ぎのさ多《た》
公儀の沙汰

一 人乃《の》物いひきらぬう知《ち》に毛《も》能《の》い布《ふ》
人の物言ひきらぬうちに物言ふ

一 子どもをたら春《す》
子どもをたらす

一 たや春《す》くやくそく春《す》留《る》
容易く約束する

一 人耳《に》をし由《ゆ》留《る》
人に教ゆる

一 い可《か》川《つ》閑《が》満《ま》しく物いふ
厳つがましく物言ふ

一 古《こ》と者《は》り能《の》過多《た》類《る》
断りの過ぎたる

一 許《こ》登《と》をこの人尓《に》いふ
事をこの人に言ふ

一 遍《へ》ら春《ず》ぐ知《ち》
へらず口

一 古《こ》と葉のた可《が》ふ
言葉の違ふ

一 よく心えぬ事越《を》
よく心得ぬ事を

一 古《こ》と〴〵しくも能《の》いふ
事々しく物言ふ

一 飛《ひ》きごと能《の》お保《ほ》き
引き事の多き

一 安《あ》の人尓《に》いひ天《て》よ起《き》
あの人に言ひて良き

一 その事能《の》者《は》多《た》さぬ
その事の果たさぬ

一、うちよりまうすことは一はてつまつるハ

一、人のくれしうすへくまいらせ一あれをる

一、玉あめのなることを見さんてくおりう

一、人のなくさへ申すまやうて使そよ

一、まうしく人ははいそうたへここもな

一、はくてうめ申一届ひちはこへうおりう

一、てうてそはやひてえかりそうとの事

一、さまくに急てれ人ちよりそのりみいり申

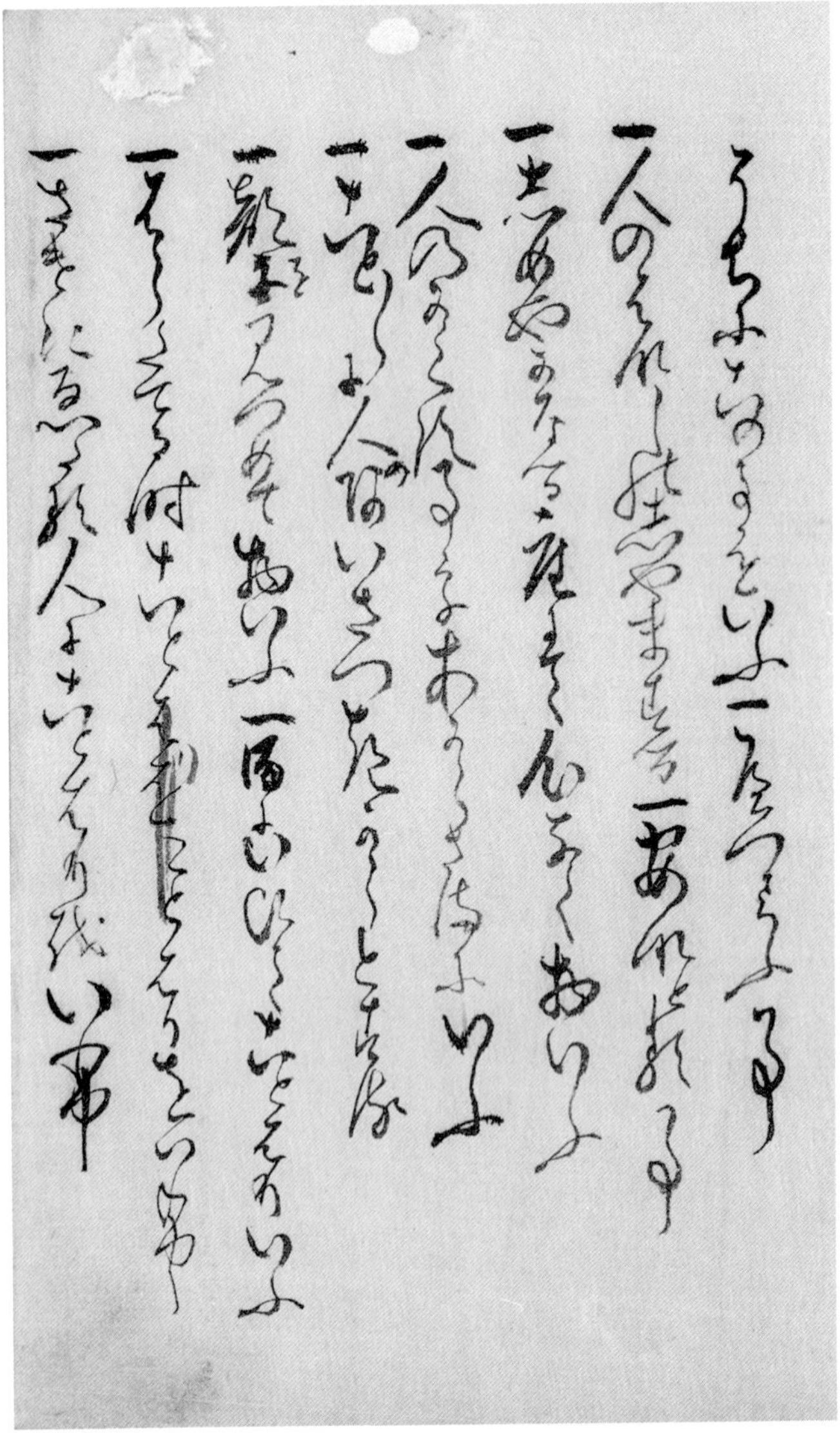

うち尓古《にこ》の事をいふ　一 遍《へ》つ良《ら》ふ事
内にこの事を言ふ　へつらふ事

一 人の者那《はな》し能《の》志《じ》やま春留《する》　一 安那《あな》ど類《る》事
人の話の邪魔する　侮る事

一 志《し》めや可《か》な留《る》座尓《にて》天《て》心奈《な》く物いふ
しめやかなる座にて心無く物言ふ

一 人乃《の》可《か》く須《す》事乎《を》あ可《か》らさ満《ま》尓《に》いふ
人の隠す事をあからさまに言ふ

一 古《こ》と〲《ごと》尓《に》人の阿《あ》いさつ起《き》可《か》うと春流《する》
事々に人の挨拶聞かうとする

一 顔を見つめて物いふ　一 酒尓《に》いひ天《て》古《こ》と者利《はり》いふ
顔を見つめて物言ふ　酒に酔ひて理言ふ

一 者《は》ら多《た》てる時古《こ》と者《は》りをい布《ふ》
腹立てる時 理を言ふ

一 さ遣《け》に恵《え》多《た》類《る》人尓《に》古《こ》と者利《はり》越《を》い布《ふ》
酒に酔たる人に 理を言ふ

一えんやうあるべきる 一しんせいらうくあいふ
一おのゝ代々のたつきそ人にのこる
一人ゑいそえてとらへあいそれてまあれ
一おしえのあはれをとゝのふをりしていふ
一あしきことをあなたのくいひとゝれ
一いとほしとこのめ 一色代々のほふいふ
一あしきあれすこちこなとけかうといふ
一すんなるききくすゐそつゝいふ

一 者《は》や満《ま》利《り》過多《た》留《る》
早まり過ぎたる

一 志《し》んせ川《つ》らしく物いふ
親切らしく物言ふ

一 おの可《が》氏春《す》志《じ》やうのた可《か》き乎《を》人に可《か》多《た》流《る》
己が氏素性の高きを人に語る

一 人能《の》古《こ》とをきゝとら須《ず》あいさ徒《つ》春《す》類《る》
人の事を聞き取らず挨拶する

一 おし者《は》可《か》利《り》能《の》事を真事尓《に》那《な》していふ
推し量りの事を真ことになして言ふ

一 安《あ》しきと志《し》利《り》な可《が》らいひとを須《す》
悪しきと知りながら言ひ通す

一 古《こ》と葉と可《が》め
言葉咎め

一 毛《も》能《の》志《し》り可《が》保《ほ》尓《に》いふ
物知り顔に言ふ

一 散《さ》し多《た》類《る》事もなきを古《こ》満《ま》〱《ごま》といふ
然したる事も無きを細々と言ふ

一 見留《る》事きく事悲《ひ》とつ〱いふ
見る事聞く事一つ一つ言ふ

一祝法のまでも 一役人のこしかし

一よくあのこし亭にてこの外

一子ともの生まれある 一花人のことは

一古のいるのあさこえし 一古のことかし

一よひそ務をて御くつきいふ

一きつといふ 一そこさいその女このふ

一口をさしあめて盃のみ 一おし此法のそく

一めつらしきことにし のこのきたなる

一 説法の上手下手　一 役人の与《よ》しあし

説法の上手下手　役人の良し悪し

一 よく物の可《か》う志《し》やくを志《し》多《た》可《が》類《る》

よく物の講釈をしたがる

一 子どもの古《こ》志《し》やく奈《な》る　一 老人乃《の》くどき

子どもの小癪なる　老人のくどき

一 わ可《か》い毛《も》のゝむ多《だ》者《ば》那《な》し　一 志《し》可《か》多《た》者《ば》奈《な》し

若い者の無駄話　しかた話

一 くび乎《を》袮《ね》知《ぢ》て里《り》くつをいふ

首を捻て理屈を言ふ

一 古《こ》はい呂《ろ》　一 飛《ひ》き古《ご》との堂《た》可《が》ふ

声色　引き事の違ふ

一 口を春《す》本《ぼ》めて物いふ　一 おし能《の》徒《つ》よき

口をすぼめて物言ふ　おしの強き

一 めづらしき者《は》那《な》しの可《か》さな留《る》

珍しき話の重なる

一、いきちつきわらをハあうて一ふゝゝゝゝゝ

一、うのんて年をゝゝゝゝふをつふ一人のそゝゝゝゝを
　　ゆうよう子しておのこのゝゝゝゝを云ゝゝゝに

一、くゝゝゝ生徐一ふゝゝゝゝゝにゝゝゝゝゝ

一、とゝゝゝ主生ゝゝゝゝゝゝ

　　とゝゝゝゝゝゝゝゝゝゝゝ

一、ゝゝりゝゝゝ人をゝゝゝゝゝゝゝゝ

一、ゝとうゝゝゝ一人ゝゝゝてつゝゝゝゝ

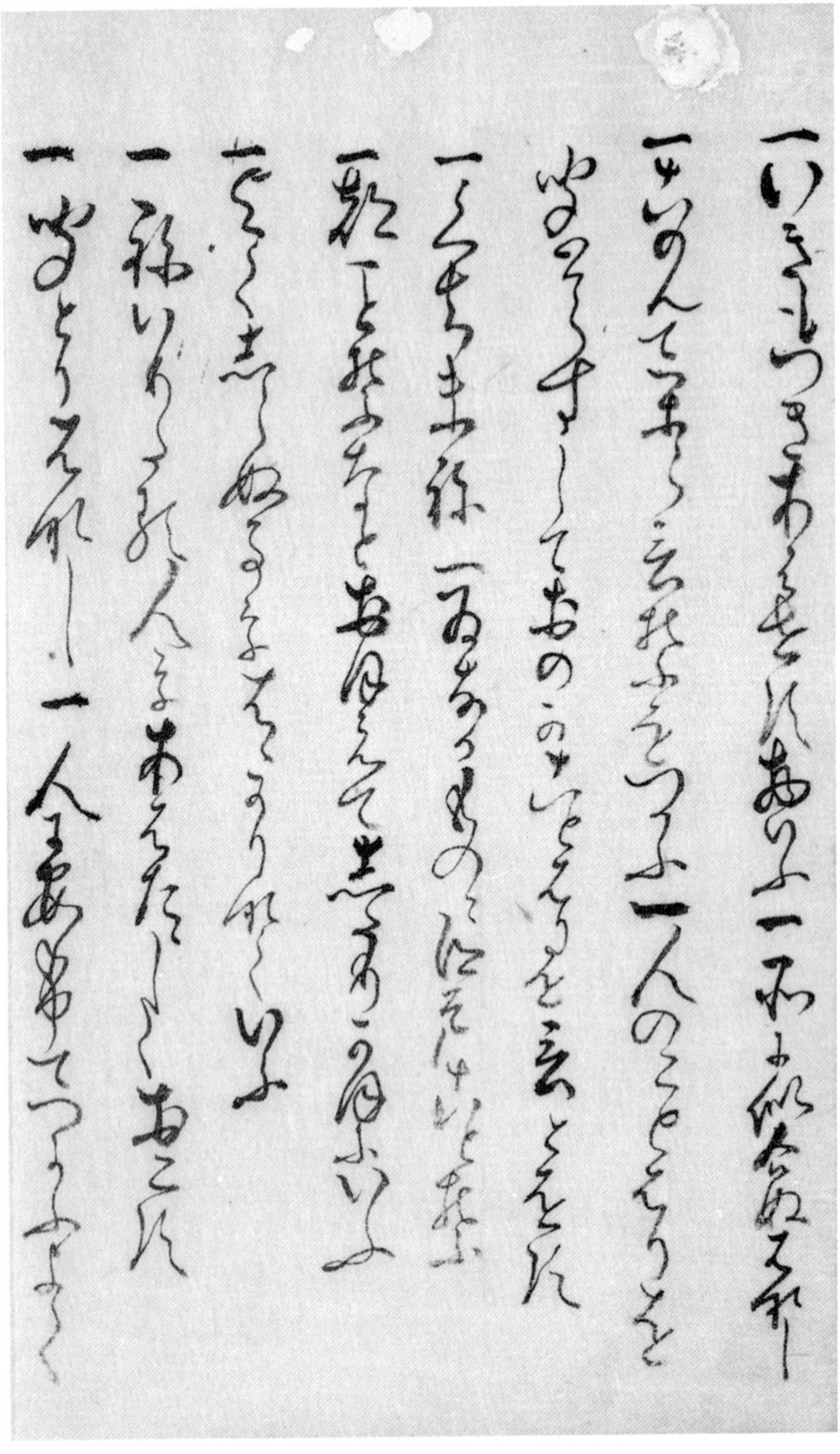

一　いきもつきあ者《は》世《せ》須《ず》物いふ　　一　所尓《に》似合ぬ者《は》那《な》し

息もつき合はせず物言ふ　　所に似合ぬ話

一　古《こ》のんで閑《か》ら言葉をつ可《か》ふ　　一　人のこと者《は》りを

好んで唐言葉を使う　　人の理を

聞きとらずしておの可《が》古《こ》と者《は》りを言とを須《す》

聞き取らずして己が理を言い通す

一　く知《ち》末《ま》祢《ね》　　一　ゐ奈《な》可《か》もの二《に》江戸古《こ》と葉《ば》

口真似　　田舎者に江戸言葉

一　都《みやこ》こと葉などお保《ぼ》えて志《し》多《た》利《り》可《が》保《ほ》尓《に》いふ

都言葉など覚えてしたり顔に言ふ

一　与《よ》く志《し》らぬ事乎《を》者《は》々《ば》可《か》り那《な》くいふ

よく知らぬ事を憚りなく言ふ

一　祢《ね》い利《り》多《た》類《る》人乎《を》あ者《は》たゞしくおこ須《す》

寝入りたる人を慌しく起こす

一　聞《きき》とり者《ば》那《な》し　　一　人尓《に》安《あ》布《ふ》てつ可《が》ふよく

聞き取り話　　人に合ふて都合良く

ミめつらをなていふ　一 あいさつのこゝろえの事

あるへし　一 ことさとむさしきんいの事

一 説法談義の座をは聞てはかまひハ猶々

いつまてもなれなれこの教しきく

一 気人ふるまひしてあるいてはすへからす

一 さゝめことをこゝろへ紀え候へし

一 学者をこゝろえ紀え候へし　一 茶人をこゝろえ紀え候へし

一 地経をこゝろえ候へし　一 ことはの口きゝ

と利《り》つく呂《ろ》ふていふ　一　あい多《だ》のきれぬやう尓《に》
取り繕ふて言う　間の切れぬように
物いふ　一　王《わ》ざとむざうさ介《げ》にい布《ふ》
物言ふ　わざと無造作げに言ふ
一　説法者の弁をお保《ぼ》えて阿《あ》るひ八《は》楚《そ》う
説法者の弁を覚えて 或はそう
い多《た》しまし多《た》所でな介《げ》き可《か》那《な》し無《む》
致しました所で嘆き悲しむ
一　貴人尓《に》多《た》以《い》してあうい多《た》し満《ま》す留《る》
貴人に対してあう致しまする
一　さ登《と》里《り》くさ起《き》者《は》那《な》し
悟り臭き話
一　学者くさ起《き》者《は》那《な》し　一　茶人くさ起《き》者《は》那《な》し
学者臭き話　茶人臭き話
一　風雅くさ起《き》者《は》那《な》し　一　う者《は》の口きく
風雅臭き話　うはの口きく

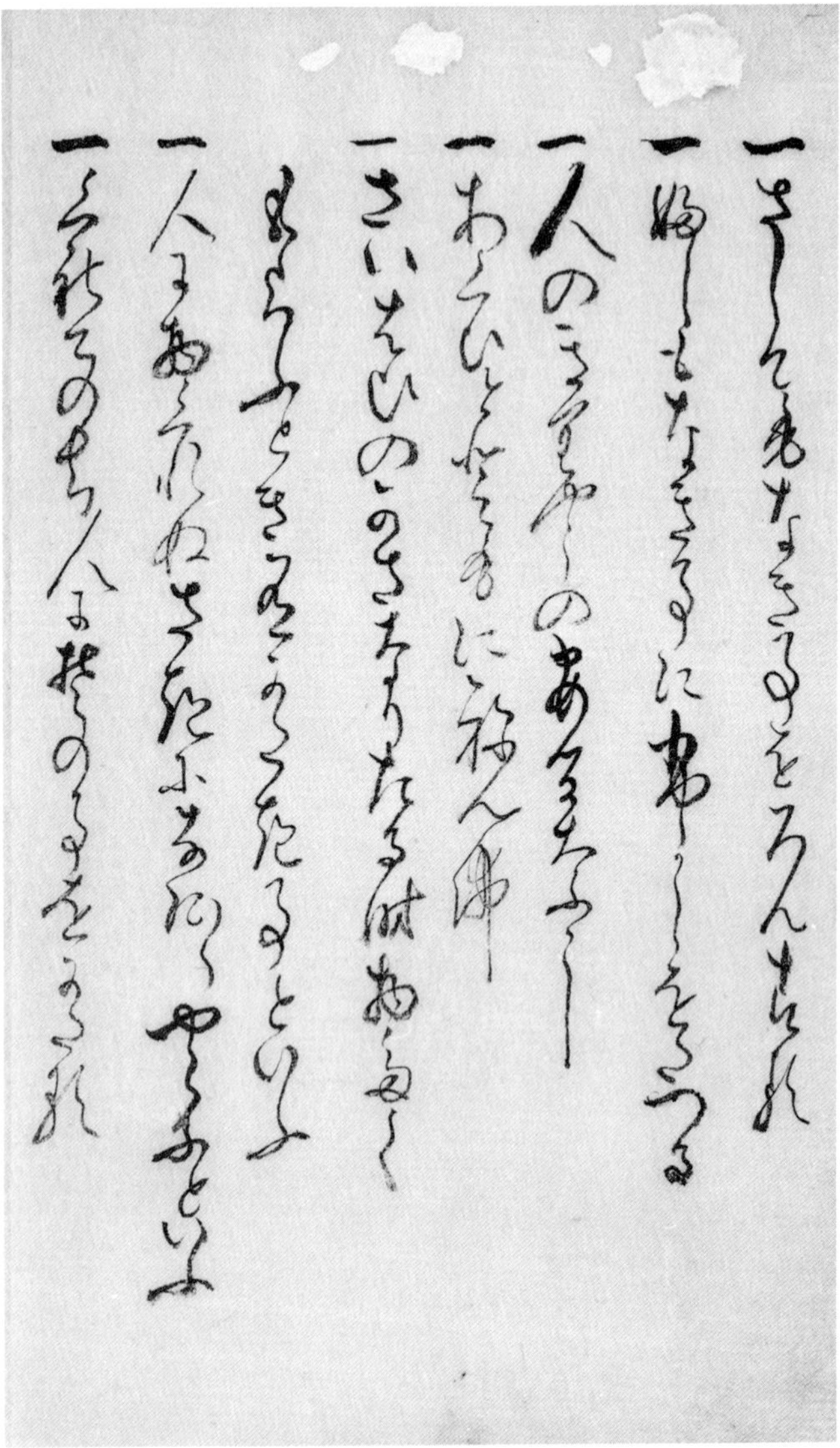

一　さして毛《も》なき事をろん春《ず》留《る》

さしても無き事を論ずる

一　婦《ふ》しもなき事に布《ふ》しを多《た》つる

節も無き事に節を立つる

一　人のき里《り》やうのあ留《る》奈《な》し

人の器量のある無し

一　あくびと登《と》もに祢《ね》ん佛

欠伸とともに念仏

一　さい者《は》ひの可《か》さ奈《な》りたる時　物多く

幸いの重なりたる時　物多く

一　もらふとき　有可《が》多《た》起《き》事といふ

貰ふ時　有り難き事と言ふ

一　人尓《に》物くれぬさ起《き》尓《に》奈《な》に〳〵やらふといふ

人に物くれぬ先に何々やらふと言ふ

一　く礼《れ》ての知《ち》　人尓《に》楚《そ》の事を可《か》多《た》類《る》

くれて後　人にその事を語る

あらあらこのついてまいらせ
まいらせ（）のあやまりこそあれ
一四秋の事まいらく
一花ねてあらく

　　　　　巳上九十ケ条

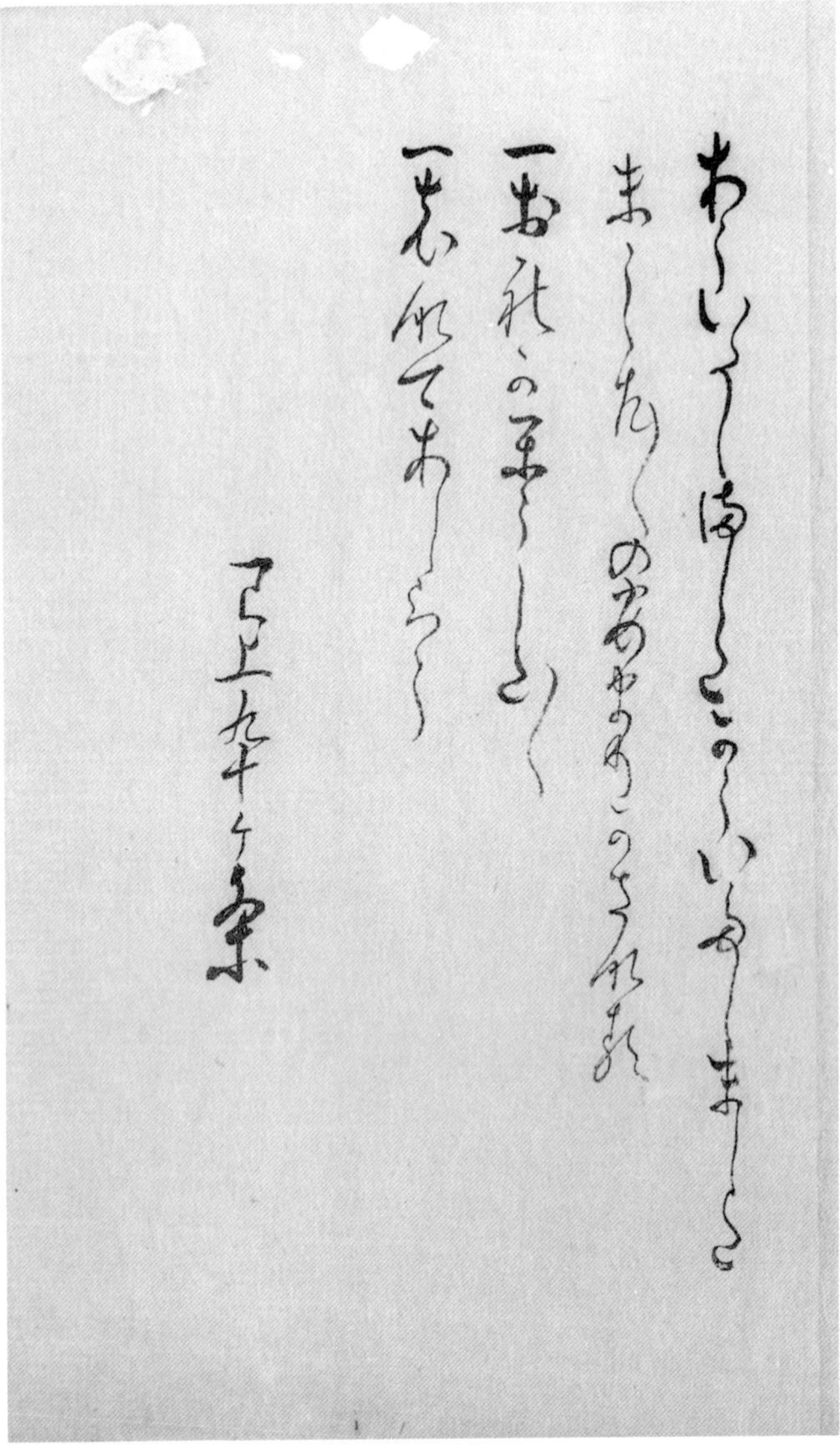

一　あうい多《た》し満《ま》し多《た》　可《か》うい多《た》しまし多《た》

あう致しました　かう致しました

末《ま》した〳〵のあま利《り》可《か》さ那《な》類《る》

ましたましたのあまり重なる

一　お礼《れ》可《が》閑《か》うし多《た》〳〵

俺がかうしたかうした

一　者《は》那《な》であしらう

鼻であしらう

已上九十ヶ条

後記

本書の構成は、著者による「はじめに」の文章についで、貞心尼のまとめた良寛さんの戒語九十カ条を順次　右頁に掲げ、左頁に著者による自由訳を掲載している。

良寛さんは、その他にも千項目を超す戒語を遺しており、いかに言葉を大切にしていたかが伺えるが、その沢山の戒語の中から、ぜひ紹介しておきたい三編を選んで補遺の形で収録し、それにも自由訳を付した。

また巻末には、貞心尼がその著『蓮の露』の中に自筆で書写した「良寛禅師戒語」九十カ条を写真版で掲載し、原典を明らかにした。

表紙カバーをはじめ、文中に掲載した絵はすべて　こしの千涯画伯による揮毫のものである。左にその略歴を記して感謝申しあげたい。

こしの千涯　こしのせんがい

明治二十八（一八九五）年 新潟県西蒲原郡大原村（現 新潟市）に生まれる。本名、斎藤作一。幼いころ、神官をしていた祖父から良寛さんの逸話を聞き興味を覚え、「絵描きになれ」とも言われ、画家の道を志す。相馬御風から、こしの千涯の名を貰い「良寛に生きよ」と励まされ、生涯　こころの良寛を描くことに没頭する。会津八一や坂口献吉らの知己を得て画業に精進し、清貧のうちに昭和三十三（一九五八）年 新潟市にて没する。清雅にして無欲の絵を遺し、良寛さんの境地にもっとも近づいた画家として知られる。

［表紙カバー・本文挿絵］こしの千涯
［装幀デザイン］かたち　落合武尚

良寛さんの戒語

二〇一五年二月十五日　発行

著者　新《あら》井《い》　満《まん》
発行者　柳本和貴
発行所　株式会社　考古堂書店
〒九五一－八〇六三
新潟市中央区古町通四－五六三
電話　〇二五－二二九－四〇五八（出版部）
振替　〇〇六一〇－八－二三八〇
印刷＝株式会社　第一印刷所

ISBN978-4-87499-830-4　C0095